마음의 숲을
그리다

초판 10쇄 발행 2023년 3월 30일
펴낸이 도승철 | 펴낸곳 카멜레온북스 | 등록 2005년 5월 2일 (제105-14-87935호)
주소 경기도 파주시 회동길 349 3층 | 전화 031-955-9550 | 팩스 031-955-9555
홈페이지 http://www.bmirae.com
편집 송재우 | 디자인 문고은 | 마케팅 김경훈 | 경영지원 강정희

ISBN 978-89-6546-157-9 14630 | 978-89-6546-159-3(세트)

Inspiration Amazonie
(in the series : Les Blocs Anti-stress)

마음의 숲을 그리다

카멜레온
BOOKS

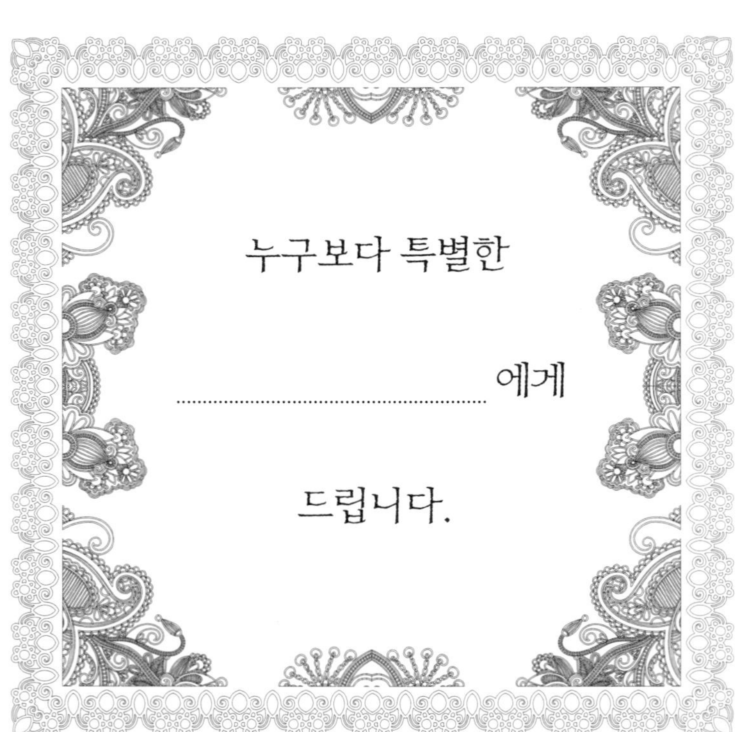

누구보다 특별한

______________________________ 에게

드립니다.

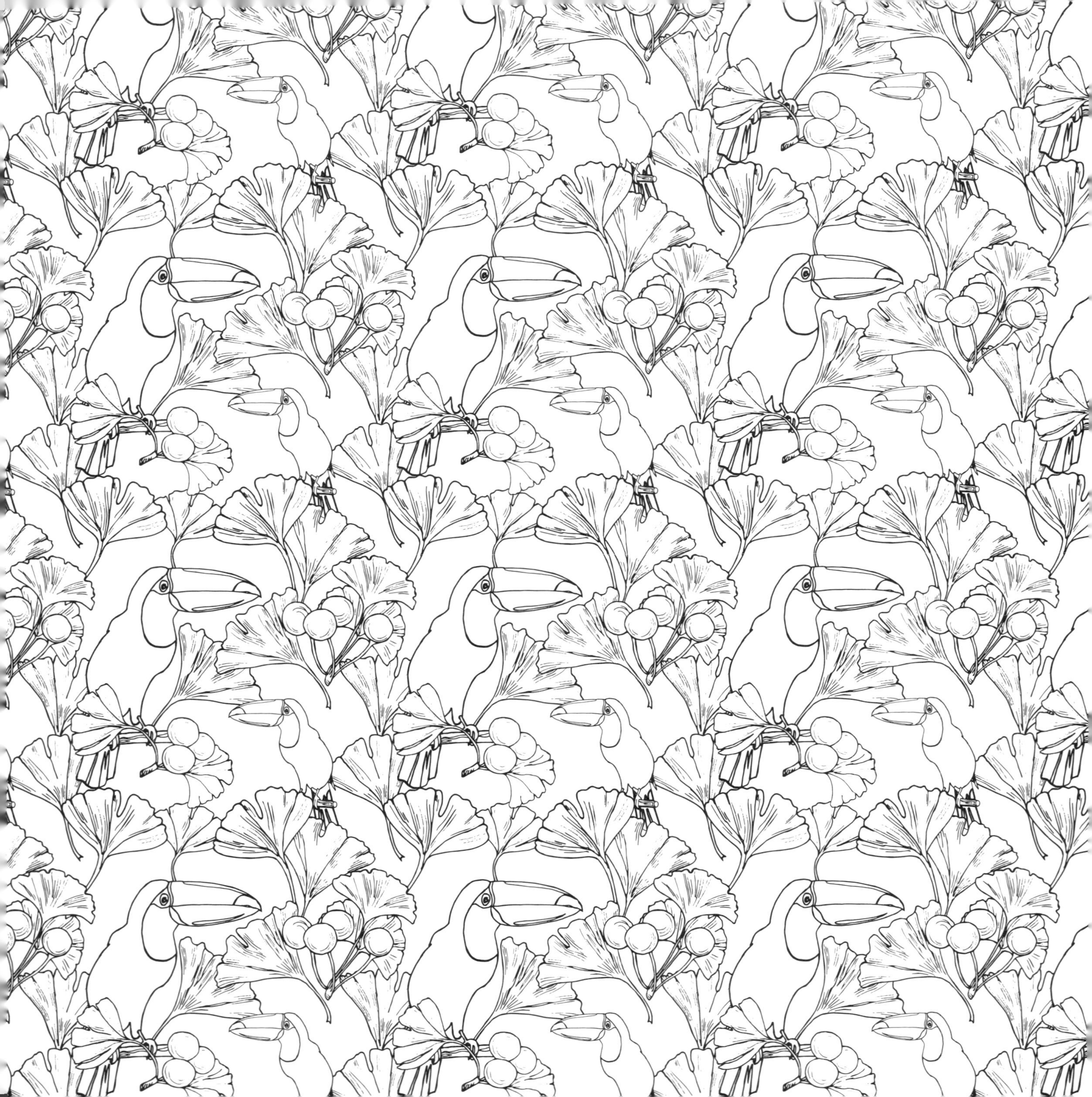

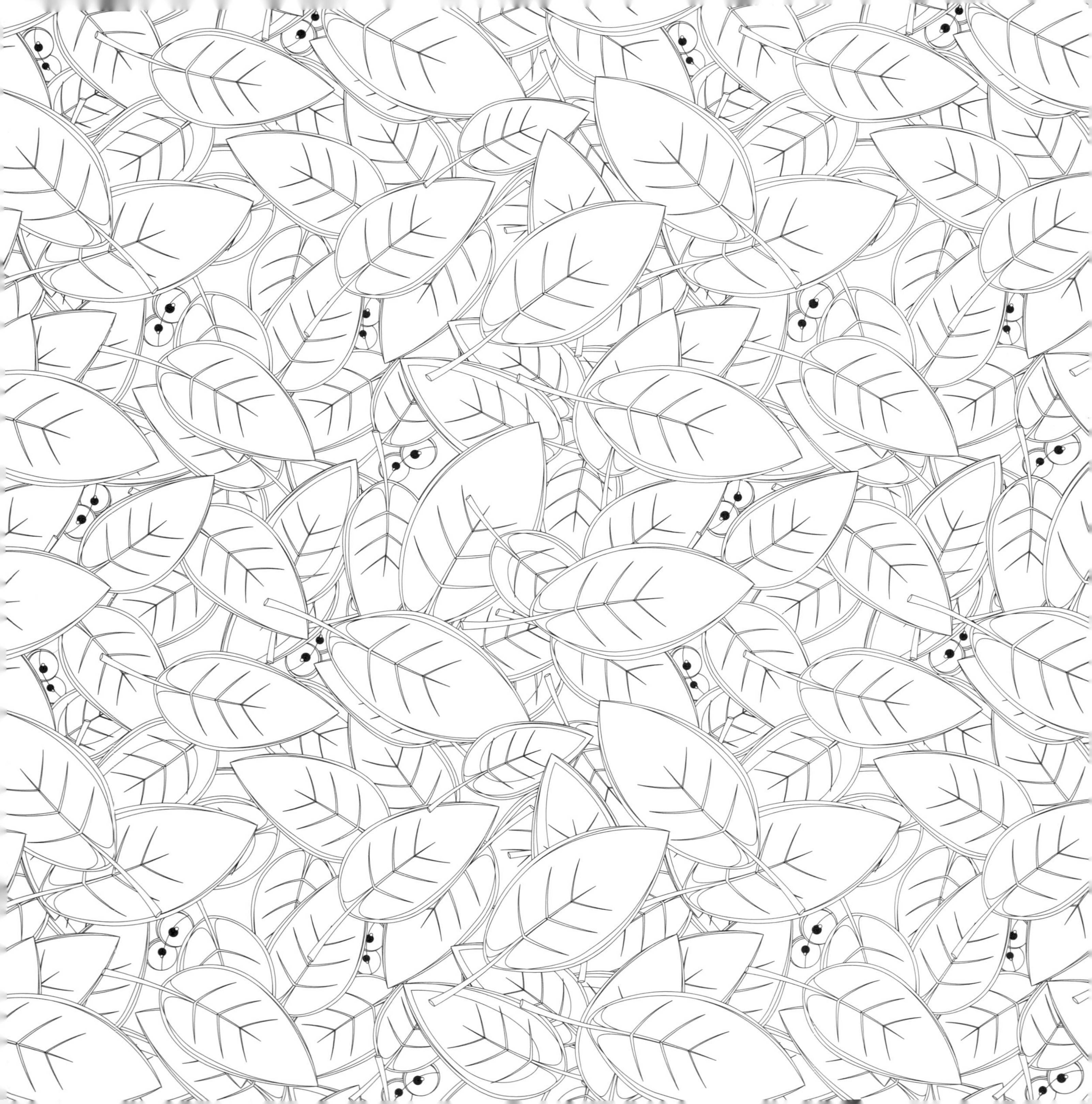

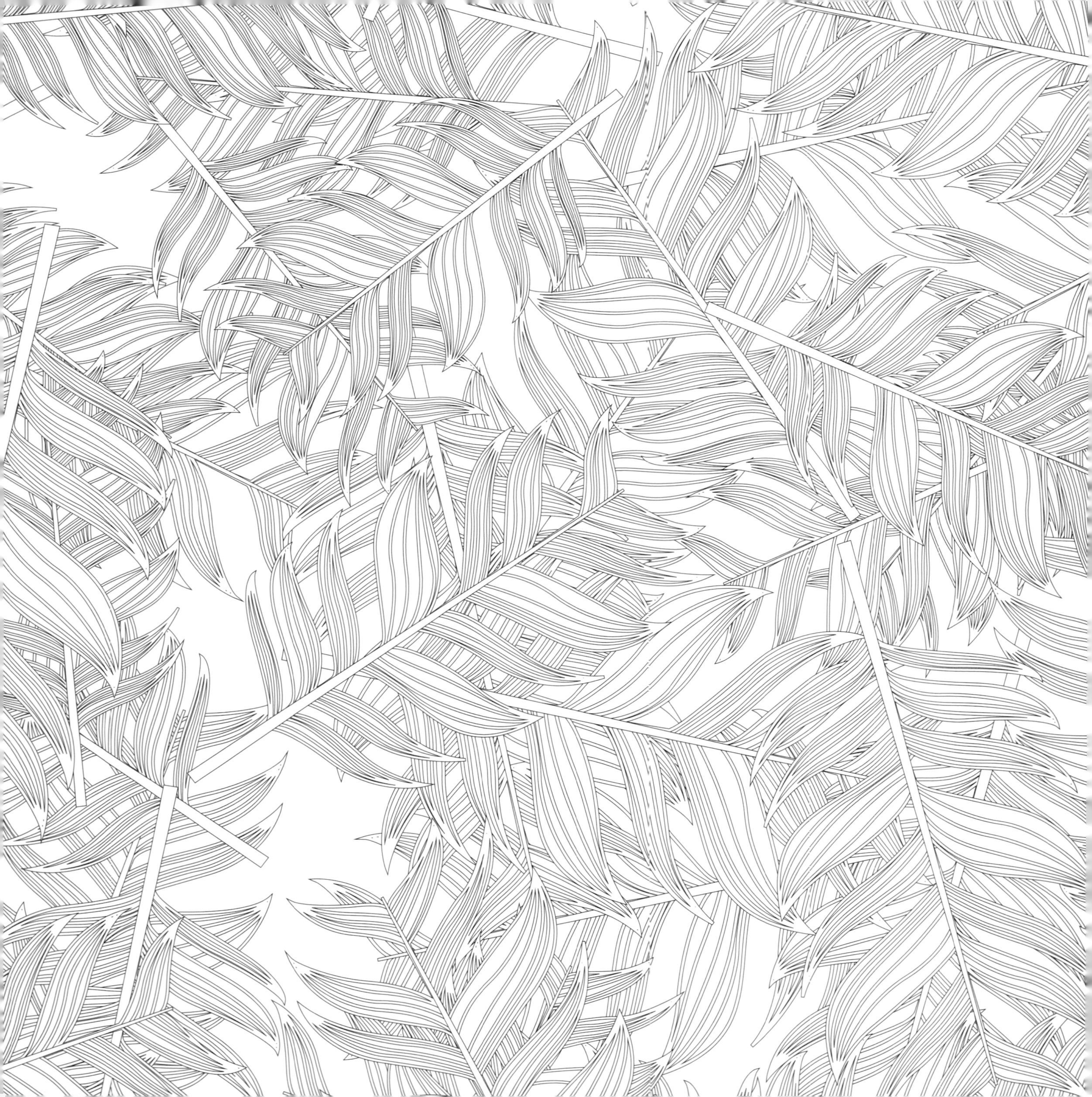

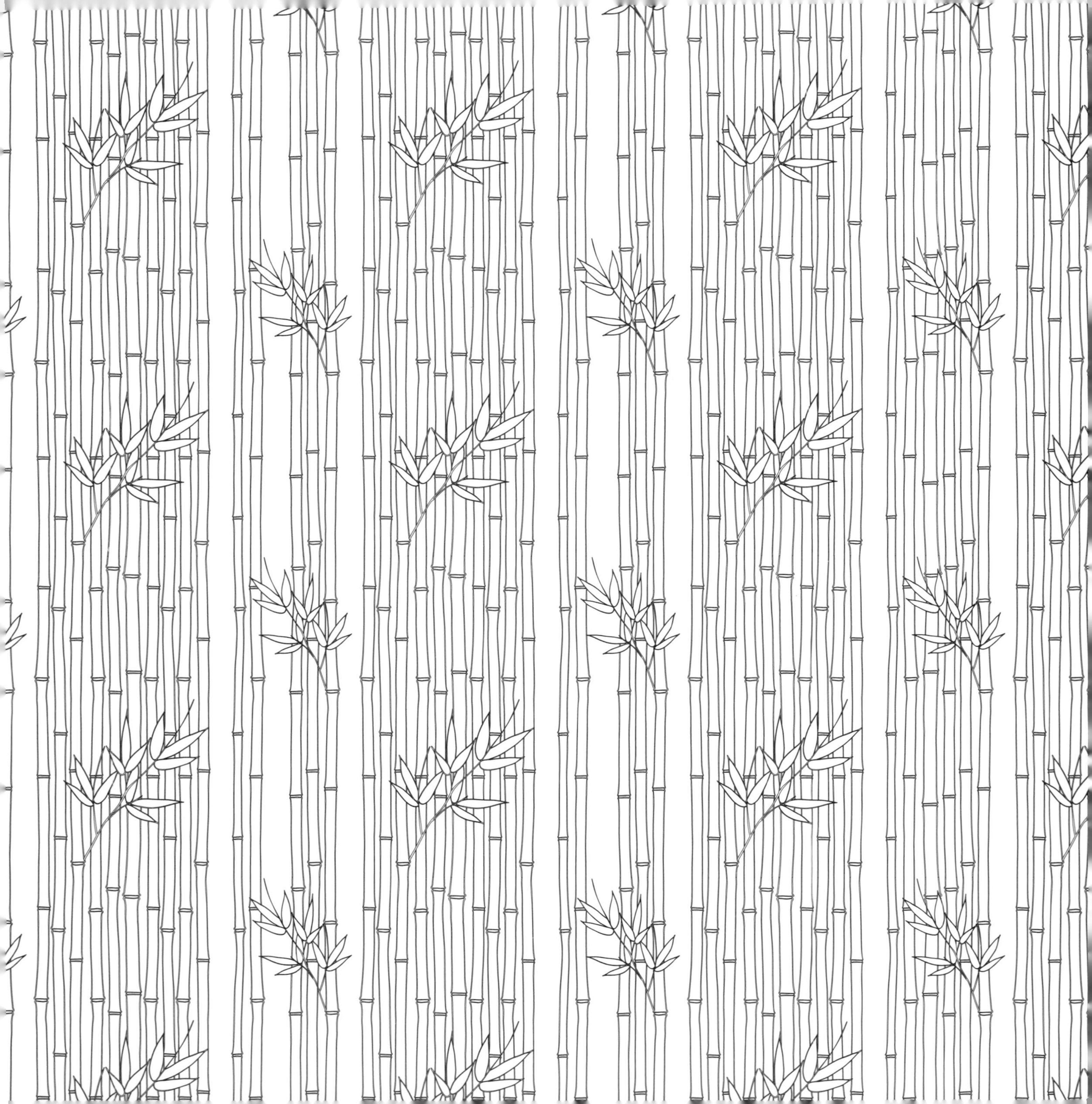